hen

kip

rooster

haan

chick

kuiken

duckling

eendje

turkey

kalkoen

donkey

ezel

swan

zwaan

frog

kikker

racoon

wasbeer

bear

beer

squirrel

eekhoorn

fly

vlieg

ladybug

lieveheersbeestje

worm

worm

snail

slak

slug

naaktslak

bee

bij

spider

spin

beetle

kever

dragonfly

libel

lion

leeuw

zebra

zebra

giraffe

giraffe

rhinoceros

neushoorn

snake

slang

mosquito

mug

sea turtle

zeeschildpad

hippopotamus

nijlpaard

alligator

alligator

crocodile

krokodil

shark

haai

walrus

walrus

penguin

pinguïn

polar bear

ijsbeer

seal

zeehond

starfish

zeester

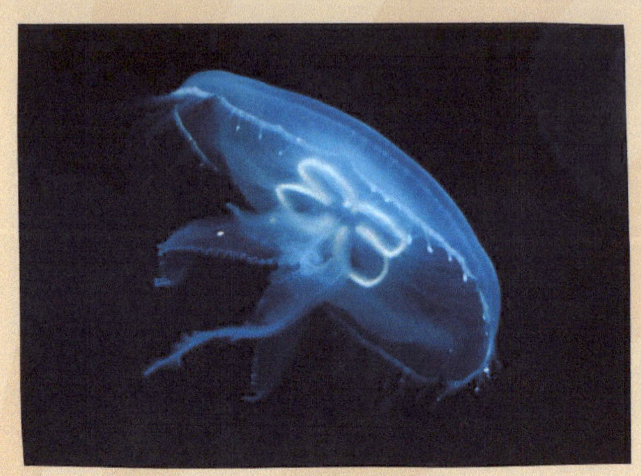

jellyfish

kwal

seashells

schelpen

feather

veer

11

eleven

elf

12

twelve

twaalf

13

thirteen

dertien

14

fourteen

veertien

15

fifteen

vijftien

16

sixteen

zestien

17

seventeen

zeventien

18

eighteen

achttien

19

nineteen

negentien

20

twenty

twintig

heart

hart

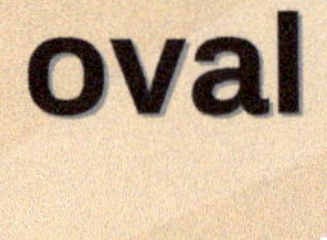

oval

ovaal

arrow

pijl

crescent

halve maan

curve

boog

spiral

spiraal

cross

kruis

zigzag

zigzag

rainbow

regenboog

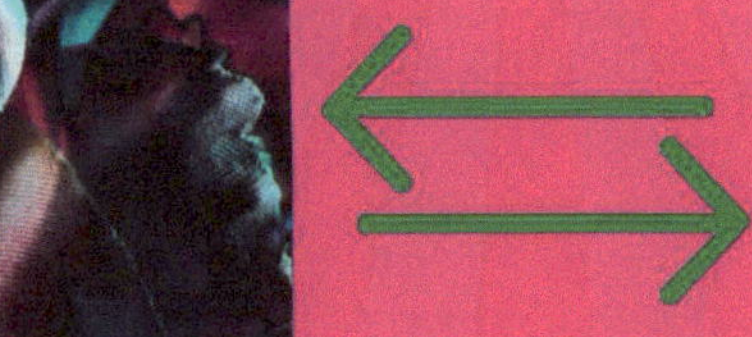

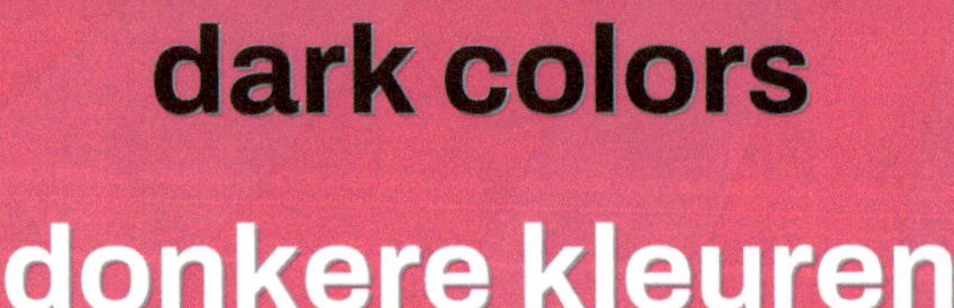

dark colors

donkere kleuren

light colors

lichte kleuren

dots

stippen

line

lijn

short

kort

tall

lang

 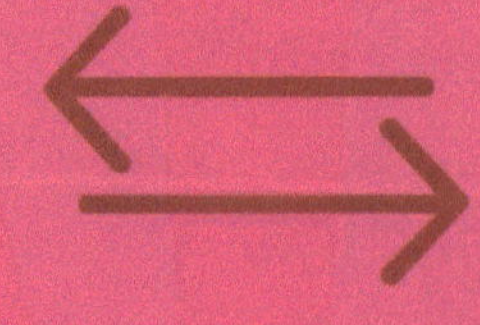 

a little

een beetje

a lot

heel veel

 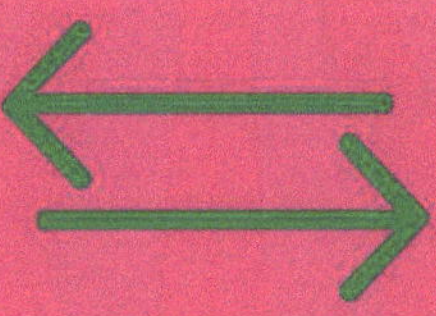 

full

vol

empty

leeg

curly hair

gekruld haar

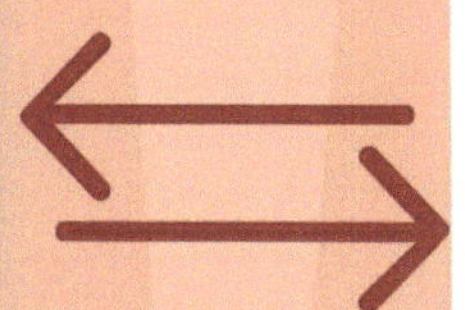

straight hair

stijl haar

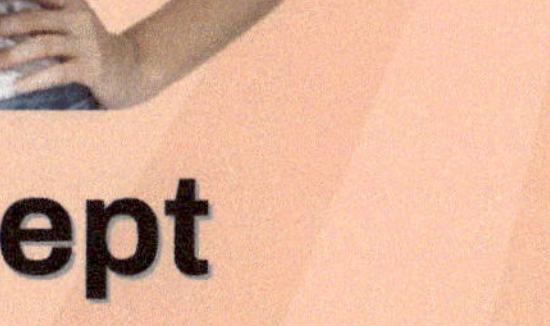

accept

accepteren

refuse

weigeren

identical

identiek

different

verschillend

dry

droog

wet

nat

toys

speelgoed

blocks

blokken

ball

bal

robots

robots

tongue

tong

nose

neus

hair

haar

moustache

snor

fingers

vingers

arm

arm

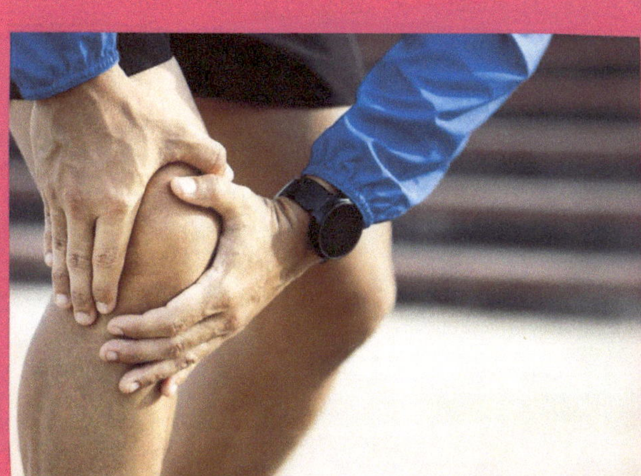

knee

knie

elbow

elleboog

smile

glimlachen

kiss

kus

cry

huilen

pain

pijn

body

lichaam

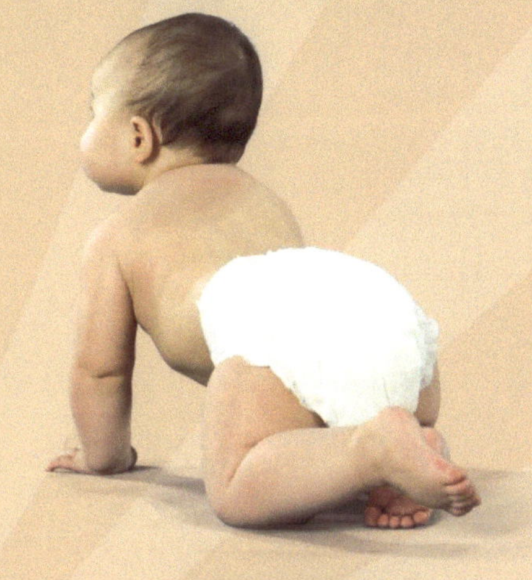

back

rug

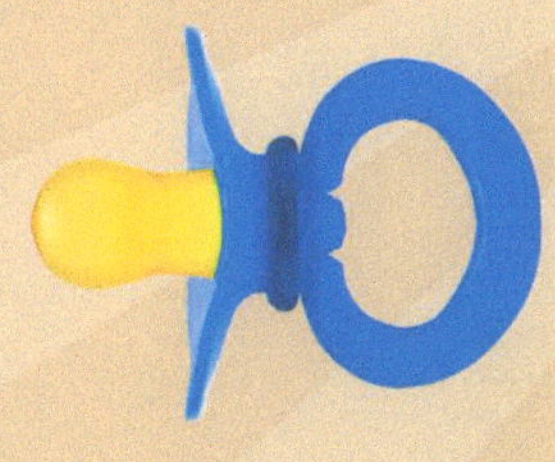

pacifier

speen

high chair

kinderstoeltje

soap

zeep

toothbrush

tandenborstel

towel

handdoek

potty

potje

ring

ring

bracelet

armband

necklace

halsketting

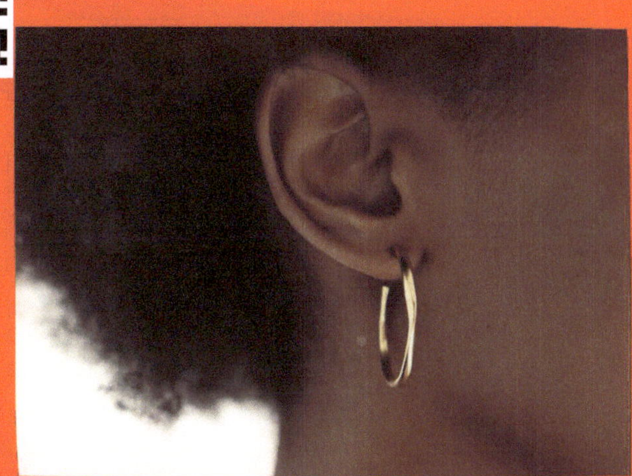

earring

oorbel

chocolate

chocolade

popcorn

popcorn

jam

jam

toast

geroosterd brood

honey

honing

butter

boter

bread

brood

ice cream

ijsje

semolina

griesmeel

rice

rijst

pasta

pasta

soup

soep

milk

melk

water

water

juice

sap

kiwi

kiwi

raspberry

framboos

grapefruit

grapefruit

melon

meloen

plum

pruim

apricot

abrikoos

pomegranate

granaatappel

fig

vijg

blueberry

bosbes

cranberry

veenbes

persimmon

kaki

lychee

lychee

fruits

fruit

vegetables

groenten

avocado

avocado

green bean

sperzieboon

broccoli

broccoli

eggplant

aubergine

peas

erwten

bell pepper

paprika

beet

biet

lettuce

sla

endive

andijvie

artichoke

artisjok

leek

prei

onion

ui

garlic

knoflook

ginger

gember

walnuts

walnoten

almond

amandel

pistachio

pistache

cashew

cashewnoot